AF562668

OBSERVATIONS DANS LA CAUSE DES ABBAYES DE CHÉSAL-BENOÎT, SUR LES NOMINATIONS ROYALES.

PEut-il être vrai que le Concordat, en attribuant au Roi la nomination aux Prélatures, n'ait fait qu'opérer un retour au droit commun de l'Eglise & de l'Etat? Peut-il être vrai que la Pragmatique Sanction, en confirmant les Elections, n'ait été, de la part du Souverain, qu'un ouvrage politique, qu'un acte de condescendance, qui doit s'évanouir, dès qu'une Partie intéressée reclame les droits du Trône?

Cette question importante est dejà resolue dans le cœur des François, par les noms seuls de Pragmatique & de Concordat.

Mais s'il faut rapporter des preuves, c'est de la bouche des Rois, des Peres des Conciles, du Parlement & des Etats Généraux qu'on va les voir sortir.

I. OBJECTION.

Dès que l'Eglise est entrée dans l'Etat, sa discipline entiere est devenue subordonnée à l'intérêt de l'Etat, & à la volonté du Roi qui en est seul le Juge.

RÉPONSE.

L'Eglise a été reçue dans l'Etat, avec ses loix & sa discipline, dont le Monarque est le protecteur, & non l'arbitre.

Les anciens Conciles, dont les Canons constituent nos libertés, & entr'autres le Concile général de Calcedoine en 451, ont déclaré que les Loix des Princes ne peuvent point anéantir les Régles Canoniques : *contra Regulas Pragmaticum nihil valebit*; ce Décret a été confirmé par une Loi solemnelle de l'Empereur Marcien, qui se trouve au Cod. de *Sacros. Eccles.*

Nos Rois, à leur Sacre, font serment de garder les libertés de l'Eglise Gallicane, & de n'en être que les *Tuteurs.* (*Politique sacrée de M. Bossuet, p. 461, Tom. VII.*)

Le Prince n'est que l'Evêque extérieur ; & si le Pape luimême est soumis aux Canons, parce qu'il est inférieur au Concile général, comment les Princes seroient-ils plus puissans que les Papes & les Conciles? *V. Réponse sommaire, pag. 56.*

Or, les Elections faisoient partie de la primitive Discipline de l'Eglise, établie par les Apôtres, confirmée par les quatre premiers Conciles généraux, & elle formoit la Loi publique & universelle des Eglises des Gaules, au moment de la conversion de Clovis.

II. OBJECTION.

Dès que les Rois ont été éclairés des lumières de la Foi, ils ont nommé aux Evêchés.

RÉPONSE.

Le second Concile d'Orléans en 533, & le premier qui ait parlé des Elections, depuis la conversion de Clovis, a ordonné que l'Evêque seroit élû, *Electus*. Le Concile de Clermont, en 535, a renouvellé le même Décret, ainsi que le troisiéme Concile d'Orléans de 538. *Juxta piorum Canonum statuta. Æquum est ut qui præponendus est omnibus, ab omnibus eligatur.*

Le cinquieme Concile d'Orléans de 549 est le premier qui ait exigé le consentement du Roi, *cum voluntate Regis*; & rien n'étoit plus juste en effet. Ce droit étoit dû au Roi, à titre de Magistrat politique & de conservateur des Canons; double titre que l'Eglise a toujours reconnu & respecté dans nos Souverains. (On peut dire en passant que le *Visa* établi par Henri II, en 1547, pour les Abbayes de Chésal-Benoît, fut un effet de ce droit éminent.)

Il est cependant vrai que nos premiers Rois surpris changerent quelquefois ce Droit de simple consentement, en des Actes de pouvoir absolu. De-là, les faits de Nominations objectés.

Mais premiérement, dès l'an 557, 8 ans après le 5e Concile d'Orléans, le Concile de Paris condamna expressément ces Nominations; *non Principis imperio .... Quod si per Nominationem regiam, recipi nullatenus mereatur.*

Le V Concile de Paris, de l'an 615, prononça la même défense. *Quod si potestate .... ordinatio irrita habeatur.* Clotaire II confirma ce Décret, & réduisit son Droit à la simple approbation du sujet élû. *A Clero & Populo eligatur, & per ordinationem Principis ordinetur.*

Autre Concile de Reims, de l'an 630, qui ordonna de déposer l'Evêque, s'il n'étoit pas placé par voye d'Election. *Abjiciatur à sede.*

Décret semblable du Concile de Châlons-sur-Saône, en 650. *Ordinatio irrita habeatur.*

Les Formules de Marculphe prouvent que les Evêques étoient élus. Celle des Citoyens avoit pour Titre ; *concessio civium pro Episcopatu ;* & elle étoit souscrite par les Electeurs : *Manu nostrâ consensum decrevimus roborare.*

Ainsi l'Eglise a toujours reclamé contre les faits de Nominations Royales, au point de les annuller ; & les Elections n'en ont pas moins subsisté ; ensorte que ces faits n'étoient que des faits particuliers.

Secondement, lorsque l'Eglise publioit tant de Réglemens formels en faveur des Elections, nos Rois n'ont fait aucune Loi pour soutenir leurs Nominations. Au contraire, toutes celles qu'ils ont promulguées, ont textuellement confirmé l'usage des Elections.

Clotaire II. Edit solemnel de 615. Capitul. Tom. 1. Pag. 22.

* Mémoire des Bénédic. p. 199.

Charlemagne ; Capitulaires de l'an 789 & 803.

Louis le Débonnaire ; Capitul. de 816.

Pragmatiques de S. Louis, Ordonnances de Philippe-le-Bel, de Louis Hutin, de Charles VI, de Charles VII. (*Remontrances de la Cour, de* 1517).

Enfin, les faits particuliers de Nominations Royales ont cessé avec le 9e Siècle ; & les Elections se sont constamment maintenues jusques au Concordat.

Qui pourroit douter, à la vûe de tant de Loix des deux Puissances, que la Pragmatique Sanction renfermoit le véritable Droit commun de l'Eglise & de l'Etat ?

III OBJECTION.

L'Election pour les Abbayes n'est point d'institution Apostolique, comme pour les

RÉPONSE.

Quoiqu'il n'y eût point de Monastères dans la première origine de l'Eglise, le motif qui

III. OBJECTION.	RÉPONSE.
Evêchés. Elle ne formoit point le Droit commun, pour les Monastères, avant la Régle de S. Benoît. Donc les Rois ont pû, à plus forte raison, y nommer.	avoit fait établir la Loi de l'Election pour les Evêchés, a été appliqué, & a dû l'être naturellement aux Abbayes, parce que les Abbés sont les Prélats des Religieux, comme les Evêques sont les Prélats des Fidèles.

Il est impossible de citer un seul exemple dans les premiers Siècles, où les Abbés n'ayent point été élus. La question ne s'éléva que dans le 5e Siècle, non pour savoir si les Rois avoient droit de nommer à ce genre de Prélatures, mais pour savoir si les Abbés seroient, ou nommés par les Evêques, ou élus par les Monastères. Or, le 3e Concile d'Arles, de l'an 455, décida qu'ils devoient être élûs par les Religieux. En 534, un autre Concile de Carthage prononça un semblable Décret, & l'Empereur Justinien fit une Loi solemnelle, qui confirma cette discipline. (*Mémoire des Bénéd. pag* 171).

Il est donc certain que, dès avant la régle de Saint Benoît, le droit commun vouloit que les Abbayes fussent électives. La régle de Saint Benoît en est elle-même une preuve, parce que ce S. Patriarche n'eût point voulu établir une nouveauté, & cette régle, louée & approuvée par les Conciles, a été reçue dans le Royaume, sans aucune reclamation sur cet objet principal.

Quant au Concile d'Orléans de l'an 511, Can. 19, il ordonna seulement que les Abbés seroient soumis à la Jurisdiction des Evêques ; & selon celui d'Epaune, de 517, Can. 19, l'Evêque n'avoit que le droit de pourvoir à ce que l'Abbé coupable eût un successeur ; & ces deux Conciles n'ayant rien prononcé d'ailleurs sur la forme de pourvoir aux Abbayes, leur silence se réfère nécessairement au droit dès-lors établi.

L'Election des Abbés a été, au surplus, confirmée par les Capitulaires de Charlemagne, des années 789 & 794, par celui de Louis le Pieux de l'an 816, par la Pragmatique de Saint Louis, par le Testament de Philippe Auguste, par les Ordonnances de Charles VI & de Charles VII, enfin par la Pragmatique Sanction.

La Tradition des Loix des deux Puissances est donc la même pour les Elections aux Abbayes, que pour les Elections aux Evêchés.

On peut même ajoûter que le peu de rapport des Abbés avec le Gouvernement Politique, étoit une raison de plus pour ne les pas assujettir aux nominations royales.

Ce n'est pas que les Princes n'ayent quelquefois disposé des Abbayes comme des Evêchés; mais les faits, à cet égard, sont d'autant moins concluans, que l'abus a été porté jusqu'à en donner à des Laïcs; ce que les Conciles ont appellé *l'abomination de la désolation.* Concile de Trosley de 909.

IV. OBJECTION.

Les Seigneurs qui fondoient des Abbayes avoient la nomination des Abbés.

RÉPONSE.

Baluze rapporte la formule ou le modéle de ces sortes de fondations. On y voit que le Fondateur y nommoit le premier Abbé seulement, & que l'élection des Successeurs étoit réservée aux Religieux, conformément à la Régle de S. Benoît: *Monachi, secundùm regulam sancti Benedicti, Abbatem constituant.* Capitul. Tom. 2. p. 580.

V. OBJECTION.

La Pragmatique Sanction de 1438 n'a été que le pur effet de la condescendance *des Rois, & le Concordat a rétabli l'ancien*

REPONSE.

Quelles maximes! La Pragmatique Sanction, cette Loi sacrée, *si respectée & si respectable*, disoit M. d'Aguesseau,

V. OBJECTION.	RÉPONSE.
droit commun sur les nominations royales. Si le Concordat a éprouvé des contradictions, ce n'a été que par rapport à la Cour de Rome, & non par rapport au Roi qui perdoit par le Traité, tandis que le Pape y gagnoit.	formée par le vœu général de la Nation, dictée par l'Esprit Saint dans un Concile Ecuménique, consacrée par la vénération de trois siécles, défendue en tout temps par le zéle & le courage du Parlement de France, cette Prag-

matique dont l'Ambassadeur du Roi au Concile de Trente disoit, *que les Cours & les Facultés de Théologie s'obligeoient par serment à ne la violer jamais*, deviendroit-elle tout-à-coup, à nos yeux plus éclairés que ceux de nos peres, un Réglement passager, arraché par les circonstances, attentatoire aux droits du Trône? Et le Concordat, Traité particulier entre Léon X & François I, *cette fameuse innovation*, disoit M. le Président de Thou, *qui parut si odieuse à tous les Ordres du Royaume*, contre laquelle les Tribunaux souverains ont porté pendant un siécle des remontrances aux pieds du Trône, seroit-il, sans que personne s'en fût douté, le plus précieux des monumens de notre droit public, un heureux retour aux principes primitifs de la Monarchie? Le Concordat en un mot seroit-il devenu une loi fondamentale du Royaume, au préjudice de la Pragmatique que la France appelloit *le rempart de l'Eglise Gallicane?* Les maximes changent-elles donc avec les tems & les intérêts?

Premiérement, c'est un article de nos libertés, que le Traité de Boulogne n'est point une loi de l'Etat, parce qu'il n'a été publié que du *très-exprès commandement*, *contre plusieurs protestations*, *oppositions & appellations*. (Art. 55 des libertés.)

Il ne peut pas être une loi de l'Etat, puisqu'il a seulement *passé en usage*. (c'est le langage de M. d'Aguesseau)

Secondement, loin que les Remontrances de la Cour ne frappassent que contre la Cour de Rome, l'abolition des élections en fut le motif principal.

En 1461, sur le projet d'abroger la Pragmatique, la Cour disoit à Louis XI: *Aux Colléges appartient d'élire aux Prélatures... Les Papes & les Conciles l'ont décidé; Nulla ratio sinit ut inter Episcopos habeantur qui nec à Clericis sunt electi, nec à plebibus expetiti.... Les Rois anciens, désirant que les Eglises fussent bien ordonnées, & sçachant que la voye d'élection étoit la plus convenable & utile, ont toujours labouré à ce que les élections eussent lieu; comme on lit de Clovis I, de Justinien Empereur, du Roi Charlemagne... On trouve plusieurs Chartes anciennes où les Fondateurs ont ordonné qu'après la mort des Prélats, fût pourvû à icelles Eglises par élection.... Saint Louis, comme Prince Catholique, zélateur de la Religion, défenseur des libertés de l'Eglise, ordonna ces élections avoir lieu en son Royaume.... Le Roi Louis Hutin, l'an 1315, confirma l'Ordonnance de Saint Louis & celle de Philippe-le-Bel... Depuis, le Roi Jean, en 1351, confirma l'Ordonnance de son grand-ayeul Philippe.... Ainsi appert bien que les Rois ont intérêt qu'il soit procédé par élections; car si les élections n'ont lieu, le Roi perd cette belle prérogative qu'il a de donner puissance*, (c'est-à-dire permission) *d'élire... Le Roi en observant les saints Décrets, tant en élection qu'autre chose, ne peut être noté de désobéissance;* imo, *faire le contraire, ce seroit grande charge de conscience, attendu l'autorité & la sainteté de ceux que les saints Décrets ont ordonnés.*

Donc la Cour ne croyoit pas que le Prince pût avoir le droit de détruire les régles Canoniques.

En 1483. les Etats assemblés à Tours demanderent avec instance *l'entretenement des Saints Décrets de Constance & de Bâle, conformément aux Décrets des Saints Conciles anciens.*

Remontrances de la Cour sur le Concordat en 1517. *L'Eglise Gallicane se verra donc pour toujours privée du droit d'élire, ce qui répugne au droit naturel; la faculté d'élire étant aussi de*

droit

droit Divin, puisqu'on peut la prouver par l'autorité de l'Ecriture-Sainte & des Conciles, & que d'ailleurs elle est établie par les Loix Civiles, par les Edits des Rois Clovis, Charlemagne, Louis le Pieux, S. Louis, Philippe le Bel, Louis Hutin, Charles VI, Charles VII, qui tous ont maintenu les Elections.

La Cour *ajoute, qu'il n'y avoit rien de plus Saint que les Décrets du Concile de Bâle, qui sont conformes aux anciens Decrets des Conciles Généraux, ... Et que nos Rois avoient accoutumé de faire serment en leur Sacre, de garder & défendre les droits & libertés de l'Eglise, desquels ils sont vrais Protecteurs.*

Donc les Rois ne peuvent pas en être les destructeurs.

Autres Remontrances de la Cour de 1560. *Puisque le Créateur a inspiré ledit Seigneur à extirpation des Héréfies, ladite Cour le supplie de considérer qu'il est nécessaire, pour restauration de l'Etat Ecclésiastique, de remettre les choses en tel état qu'elles étoient auparavant lesdits Concordats.*

Donc le Concordat, loin d'avoir opéré le retour au droit commun, en avoit été la ruine.

Autres Remontrances en 1579. *La Cour ne peut se départir des anciennes Délibérations & Arrêts donnés au Parlement, toutes les Chambres assemblées; & est en grande espérance, s'il plaît au Roi suivre la Pragmatique-Sanction, qu'il remettra, en ce faisant, l'Eglise Gallicane en sa splendeur..... Déclarera aussi le Roi, s'il lui plaît, qu'il n'entend nommer aux Abbayes & Prieurés, ainsi en laisser l'élection libre aux Monastères.*

Donc la splendeur de l'Eglise dépendoit de l'exécution de la Pragmatique. Donc elle étoit ternie par le Concordat, qui enlevoit aux Monastéres cette liberté d'élection.

La Cour disoit encore en 1615, *que si les Rois mal conseillés n'ont aggréé les remontrances de cette Compagnie, ils en ont après témoigné du regret, comme il se voit par la vertueuse remontrance faite au Roi François I contre le Concordat. . . . Ce Prince ayant dit, comme chacun sçait, qu'il ne s'étoit jamais repenti de chose qu'il eut faite en sa vie, plus que de cette violence; qu'il en fut indigné contre le Chancelier Duprat, jusqu'à dire de lui des paroles bien notables qui ont passé à la postérité.*

Voilà le langage *vertueux*, dont la Cour a déclaré qu'elle *ne peut se départir.* Et c'est à la Cour que l'on vient de dire qu'*une des maximes fondamentales du Royaume*, est que le Concordat n'a fait que restituer au Trône un droit dont la Pragmatique avoit interrompu l'exercice. L'esprit de nouveauté & de systême parviendra-t'il donc à ériger en maxime fondamentale de l'Etat, une Doctrine qui en est précisément la contradictoire ?

Me MEY,
Me COCHIN, } Avocats.
Me LEGOUVÉ,

De l'Impr. de MICHEL LAMBERT, rue de la Com. Franç. 1764.

SUITE
DES OBSERVATIONS DANS LA CAUSE DES ABBAYES DE CHÉSAL-BENOIT.

Article 67 des Libertés.

SE peut mettre au rang (des Droits du Roi) *le droit de donner licence & congé de s'assembler pour élire, & celui de confirmer l'élection dûement faite, dont les Rois de France ont toujours joui, tant que les élections ont eû lieu en ce Royaume, & en jouissent encore à présent, en ce qui reste de cette ancienne forme, très-salutaire à l'Eglise.*

Trois conséquences de cet article.

Première. Le Roi n'avoit, avant le Concordat, que le droit de permettre & de confirmer l'élection.

Seconde. La forme ancienne des élections est *salutaire à l'Eglise.*

Troisième. Le vœu de nos libertés est de conserver cette forme salutaire dans les Eglises qui en ont joui depuis le Concordat.

Or de ce nombre sont les cinq Abbayes de Chésal-Benoît.

Le fait de leur possession n'est pas contesté. Mais a-t-elle été légitime ? Son ancienneté seule le prouveroit. Cependant on met ce point en question.

On oppose l'autorité du Concordat. Y ont-elles donc été comprises ou non ?

Nier qu'elles ayent eté exemptées du Concordat, c'est nier l'évidence même.

D'abord combien de témoignages illustres en faveur de cette vérité ? Ce sont nos Rois qui l'ont dit à leurs Cours, à leurs siécles, à la postérité.

Lettres-Patentes de François I de 1517.

Comme ces choses (les Concordats) *se traitoient & délibéroient, nous fûmes appris & acertenés de l'observance réguliere de Chezeau-Benoît.... & que pour rien n'eussions voulu* LES COMPRENDRE ESDITS CONCORDATS, AU NOMBRE ET QUALITÉ DES AUTRES ABBAYES.... *Nous en écrivîmes & priâmes N. S. P. que son plaisir fût que lesdites Abbayes & Monastères fussent entretenus en icelle réformation, & avec ce* DISTINCTS, SÉPARÉS ET NON COMPRIS ESDITS CONCORDATS.

Lettres-Patentes de Henri II, de 1547.

A la priere & Requête de notre feu Seigneur & pere (François I) *N. S. P. auroit voulu icelles cinq Abbayes être* SÉPARÉES, NON COMPRISES AUXDITS CONCORDATS, NE MISES EN LA QUALITÉ DES AUTRES ABBAYES DE NOTRE ROYAUME.

Lettres-Patentes de Charles IX, du 12 Juin 1571.

A l'instance, Requête & priere de feu notre très-honoré Seigneur & ayeul, le Roi François les avoit confirmées, COMME NON COMPRISES ÈS CONCORDATS.

Autres Lettres-Patentes de Charles IX, du 5 Octobre 1571.

Lesdites Abbayes auroient été EXCEPTÉES DES CONCORDATS, *par lesquels la nomination des Abbayes de ce Royaume nous appartient, dont seroit provenu un si grand fruit, &c.*

Lettres-Patentes de Henri III, de 1575, *lesquelles cinq Abbayes, par accord & traité fait entre le Pape Léon & François I auroient été* EXCEPTÉES DES CONCORDATS, *par lesquels la nomination nous appartient.... Déclarant toutes Lettres de nous obtenues au contraire nulles & de nul effet; . . sans que ès Réglemens que pourrions faire des Bénéfices de notre Royaume, nous entendions aucunement y comprendre lesdites Abbayes.*

Ce sont ces Déclarations solemnelles, vérifiées en la Cour, que l'on entreprend de contredire. Point de milieu : ou les Rois, & ce seroit une espece de blasphême de le dire, en ont imposé; ou il n'est permis à personne de révoquer en doute une vérité qu'ils ont légalement attestée.

Et combien, auprès de ces témoignages sacrés, ne sont

pas frivoles & vaines les discussions sur les dates du Concordat & de la Bulle de Léon X, sur des termes de *nuper* & autres semblables, sur le plus ou le moins de formalités dans l'érection de Chésal-Benoît ? Est-ce donc par de telles critiques qu'on anéantiroit un fait qui est & ne peut point n'être pas ?

Cependant parcourons ces Objections.

Nous avons démontré que les cinq Abbayes étoient exclues du Concordat, parce qu'elles étoient triennales, parce qu'elles étoient non-confirmatives, parce qu'elles avoient un privilége apostolique d'élire, parce que les deux mêmes Puissances qui ont fait le Concordat étoient convenues de ne les y point comprendre. Qu'a-t'on pû opposer ?

I. OBJECTION.

La Congrégation de Chésal-Benoît n'avoit, avant 1516, qu'une existence de fait ; elle n'avoit point un état légal, faute de Lettres-Patentes enregistrées.

RÉPONSE.

Le Mémoire des Bénédictins, & leur Réponse Sommaire, ont foudroyé cette Objection. Les adversaires ont été forcés de convenir que l'autorisation du Prince, toujours nécessaire, n'a pas toujours été opérée par la voye des Lettres-Patentes. Tout se réduit donc au point de sçavoir, si, à l'époque des Titres de la formation de Chésal Benoît, l'usage des Lettres-Patentes étoit, ou non, établi. Or il étoit alors inconnu ; il n'a commencé à s'introduire qu'avec le 16e Siècle, & que pour les facultés des Légats. Ce qui est constaté par les Pièces recueillies aux Chapitres 10 & 23 des Preuves des Libertés.

L'Edit de 1666 a décidé que tout établissement antérieur à 1636, étoit légal, quoique non-revêtu de Lettres-Patentes.

Si dans le droit, la solemnité des Lettres-Patentes n'étoit pas en usage, lorsque la Congrégation de Chésal-Benoît s'est formée, dans le fait, cette Congrégation a été autorisée de toutes sortes de manieres; elle l'a été, 1°. par Charles VIII, impétrant de la Bulle de 1490. (Il faut reconnoître ce fait, ou s'inscrire en faux contre la Bulle qui l'atteste). 2°. Par les Lettres-Patentes vérifiées, des facultés du Cardinal d'Amboise. (Les opérations de sa légation, ainsi autorisées, n'avoient pas besoin d'une confirmation spéciale; & il n'est aucun exemple de ces confirmations). 3°. Par les Lettres de Louis XII, & de la Reine Mere. 4°. Par la Supplique de François I à Léon X; & par ses Lettres-Patentes de 1517. 5°. Par les Lettres-Patentes de 1547, qui constatent que la Congrégation existoit 60 ans auparavant; c'est-à-dire avant le Concordat. 6°. Et sur-tout par les Arrêts de la Cour, de 1501 & de 1525. Ce dernier est si formel, que les Brévetaires n'ayant à y opposer aucune de ces subtilités qui leur sont si familieres, ont pris le parti de le passer sous silence.

II. OBJECTION.

Quand la Congrégation de Chésal-Benoît eut existé légalement, ses élections triennales & non confirmatives se trouveroient encore contraires à la Loi de la Pragmati[que].

RÉPONSE.

Les réfléxions sur la première Objection détruisent d'avance la seconde. Chésal Benoît ne pouvoit être autorisé dans son existence, sans l'être dans sa manière d'exister. C'est sa Réforme qui a été autorisée, & les élections triennales en formoient la Loi fondamentale.

Ces élections n'avoient rien de contraire à la Pragmatique. L'objet de cette Loi solemnelle fut uniquement de maintenir les élections, & jamais elle n'entendit consacrer une forme particulière d'élire, en proscrivant les autres qui pouvoient être légitimement établies, telles que la triennalité.

Traiter la triennalité d'usage bizarre & singulier, c'est condamner le Concile de Trente, l'Ordonnance d'Orléans, une foule de Bulles des Papes, des Arrêts sans nombre des Cours, la Pratique de toutes les Eglises Catholiques, & la Doctrine des plus célèbres Auteurs. *Mémoire des Bénédictins où tous les textes sont cités.*

Donc les cinq Abbayes existant en Corps de Congrégation, & existant triennales & non confirmatives, n'ont pû être comprises dans le Concordat, puisque de l'aveu des Brévetaires, ce Traité n'a soumis aux nominations Royales que les Prélatures perpétuelles & électives-confirmatives.

III. OBJECTION.

Le Paragraphe Per præmissa *ne concerne que les Priviléges que le Saint Siège avoit accordés avant le Concordat; & les cinq Abbayes n'en avoient point de cette nature.*

RÉPONSE.

Cette objection ne porte que sur une confusion d'idées. Il est vrai sans doute que ce Paragraphe ne frappoit pas sur des Priviléges qui n'existoient point avant le Concordat. Falloit-il des efforts pour établir une vérité si palpable? Mais ce qui étoit à prouver, c'est que Chésal-Benoît n'avoit point de Privilége Apostolique antérieur. Cependant ce Privilége résidoit dans les titres de son érection, qui émané du S. Siége & du Légat, donnoit à son Chapitre Général le pouvoir d'élire les cinq Abbés. Chésal-Benoît a donc droit d'invoquer l'exception portée dans le Paragraphe *Per præmissa*, exception d'autant plus puissante, qu'elle renferme pour ce Privilége la même autorisation qu'ont les nominations Royales, & qu'elle a eû la même exécution, puisque les cinq Abbayes ont constamment joui du privilége d'élire, privilége que tant d'autres ont perdu.

IV. OBJECTION.

La Bulle de Léon X est postérieure, en date, au Concordat ; elle ne concourt donc pas avec ce Traité.

REPONSE.

Est-ce le cas de combiner des dates, lorsqu'il s'agit de l'exécution de contrats faits entre les mêmes personnes, & relatifs aux mêmes objets?

D'abord le Concordat n'avoit réellement point acquis de date avant le premier Décembre 1516, époque de la Bulle de Léon X. Faire remonter l'autorité de ce Traité à l'entrevue de Boulogne, ce seroit donner à des paroles secretes la force d'abroger des Loix solemnelles. Les Conventions qui se trouvent écrites dans le Concordat même, étoient que le Concordat seroit publié au Concile de Latran, & il n'importe point que nous ne reconnoissions pas l'autorité de ce Concile ; la perfection du Concordat n'en dépendoit pas moins de l'acceptation qu'il en devoit faire, puisque les deux parties l'avoient ainsi stipulé. Il falloit, d'un autre côté, que François I acceptât & fît vérifier la Bulle du Concordat après l'homologation du Concile qui devoit en précéder l'envoi. Or, c'est avant toutes ces formalités remplies, que Léon X a donné la Bulle en faveur de Chésal-Benoît. Le Concordat n'étoit donc encore qu'un projet au premier Décembre 1516.

Mais, en second lieu, quand le Concordat auroit eû une date antérieure, n'est-il pas de la nature de toute contre-lettre de paroître postérieure à l'Acte qu'elle modifie? Or, la Bulle de Léon X n'étoit qu'une modification du Concordat : elle étoit l'effet d'une convention précédente. François I atteste dans ses Lettres-Patentes de 1517,

(fait qu'il ne pouvoit ignorer puisqu'il lui étoit personnel; que les dispositions de cette Bulle avoient été arrêtées entre lui & Léon X ; *comme ces choses* (les Concordats) *se traitoient & délibéroient* : si ce témoignage a été obscurci dans la Déclaration surprise au mois d'Août 1542, François I y a rendu un nouvel hommage dans celle du premier Mars suivant ; & Henri II l'a confirmé de la maniere la plus précise dans ses Lettres-Patentes de 1547.

Donc il est impossible de séparer la Bulle de Léon X, du Concordat. Donc il est injuste de se prévaloir de la priorité de date du Concordat, pour en faire résulter un droit que la Bulle n'ait pû restreindre. L'un & l'autre n'ont formé qu'un seul Traité ; donc c'est par la force même des conventions, qui c.. produit le Concordat, que les cinq Abbayes ont été exceptées des nominations Royales.

En troisiéme lieu, si l'on compare les dates du Concordat & des priviléges de Chésal-Benoît, relativement à l'autorisation légale ; il est de toute évidence que ces priviléges étoient vérifiés en la Cour, long-tems avant que le Concordat y fut reconnu. La Cour avoit enregistré les Lettres-Patentes de 1547 ; les Lettres-Patentes sur la Bulle de Jules III en 1551, celles de Charles IX en 1571 ; celles de Henri III en 1575, & la Cour ne connoissoit point encore le Concordat.

Mais, oppose-t-on, peu importe l'époque à laquelle le Concordat a reçu de l'autorité ?

En ce cas, qu'importeroit aussi l'époque de l'autorisation de la Bulle de Léon X, qui, inséparable du Concordat dans la convention, l'est nécessairement dans l'exécution ?

V. OBJECTION.

V. OBJECTION.

Les Lettres-Patentes de 1517 ont été révoquées en 1542, & la Bulle de Léon X a été déclarée abusive.

RÉPONSE.

Faut-il encore revenir sur l'affaire du Cardinal du Bellay, affaire d'intrigue & d'intérêt ? Faut-il revenir sur deux Déclarations surprises *lite pendente*, portant effet rétroactif, données *pour fortifier le droit du Cardinal du Bellay*, comme François I lui-même l'a certifié dans sa troisiéme Déclaration.

Henri II a caractérisé tout cet ouvrage dans ses Lettres-Patentes de 1547, où il a dit si énergiquement, que *ces Déclarations avoient été décernées par importunité & instigation d'aucuns, pendant le procès & pour le fortifier*, & que c'étoit *au moyen d'icelles qu'étoit intervenu l'Arrêt du Grand-Conseil.*

Enfin la Cour n'a connu tous ces Actes que pour les anéantir; elle a enregistré les Lettres-Patentes de Henri II, qui ont rendu à la Bulle de Léon X, & aux Priviléges de Chésal-Benoît leur première autorité, en ordonnant qu'ils seroient à toujours exécutés, *nonobstant toutes Déclarations, Arrêts & Jugemens contraires.*

Me MEY,
Me COCHIN,
Me LEGOUVÉ,
} Avocats.

Nota. Les Brévetaires ont voulu se faire un moyen de ce que, récemment, les Abbés Réguliers ont pris possession par le ministère de Notaires Apostoliques, & ont fait insinuer leurs Titres & capacités. Mais ces formalités n'é-

B

toient pas nécessaires. Les Abbés Triennaux sont dans l'usage de ne prendre possession que dans les Chapitres des Communautés, en y faisant lire les Actes d'institution, & en les faisant transcrire dans les Registres. C'est ainsi que le pratiquent les Abbés de Sainte-Geneviève. Ceux de Chésal-Benoît suivoient le même usage, qui d'ailleurs est fondé sur ce que ces sortes d'Abbayes ne pouvant être impétrées, les Tiers ne peuvent jamais y avoir d'intérêt. Cependant, pour prévenir tout incident, ils ont pris la précaution de se soumettre à ces formes; il est d'ailleurs de principe certain, que, pour ces sortes d'Actes, il suffit d'une insinuation qui précède le Jugement.

De l'Imprimerie de Michel LAMBERT, rue & à côté de la Comédie Françoise, 1764.

www.ingramcontent.com/pod-product-compliance
Lightning Source LLC
LaVergne TN
LVHW020457230826
846091LV00008BA/3257

* 9 7 8 2 0 1 9 2 1 4 9 2 0 *